남교 성은주 시집

노을로 군불을 지피다

제3의 문학

서문

구름의 그림자를 꺾다가

눈을 마음에 두면 그 날이 보입니다.

넓은 들녘이 펼쳐지며 밭이랑에 구름이 고이고 어릴 적 친구들의 웃음소리가 환하게 밀려옵니다.

그 기억과 그리운 바람을 몽당연필에 침을 지우며 비뚤은 글씨로 적었습니다.

더러는 대문 밖에 분주한 시간들이 삶을 떠다밀기도 했습니다.

봄볕을 마중했으며 가을의 빗소리를 가슴에 받은 적도 있습니다.

이만큼 살아온 발걸음은 구름의 그림자를 밟고 섰습니다.

가끔은 정류장의 시간표를 꺾어 따뜻한 군불을 지피고 싶습니다.

어제는 먼 나라에 계신 부모님을 생각하며 고향 가는 표를 샀습니다.

나의 사랑하는 가족과 선생님,

문우님들께 감사의 편지를 접습니다.

시월의 하늘을 보며

남교 성 은 주

차 례

차 례

1부

동구 밖에 나서다

새벽에

문을 두드려 주신
영란님

반가운 마음에
물기 묻은 손으로
살가운 미소로
떠 올립니다

함께 있을 때는
몰랐습니다

곁에서
일러준 한 마디
그리고 한 마디

따지지 않고 대해 준
그립습니다
영란님이

새벽이 오기에 아침입니다

그 모습이

떠나간 후에
그리움인 줄 알았네

다시 볼 수 있으려나
목을 놓아 보고 싶다

가고나면 못 올 길을
서둘러서 가셨나

가고 나면 그 먼 길을
꿈에라도
볼 수 있을까

바람

바람이

볼을 만진다

바람인가

사랑인가

아니다

봄이다

나무들의 입학식

나무들의
입학식이 열렸다

소나무
느릅나무
밤나무
갈참나무

새내기들이 소란하다

맨 뒤에
서 있는 아카시아 나무

나비가 날면
벌들도 모여 든다

잎이 무성하다

시간과 공간 속에서

깊은 곳에서 돋아나는
이름의 새싹이
가슴을 쿵쾅거리며
거리를 끌고 간다

잠자던
욕망을 일깨워
사랑과 정으로 요리를 하여
일상의 밥상에 차렸다

빛깔로
향기로
마음속 깊이 침을 삼킨다

물 오른
대화 속에서
시간과 공간이 만난다

봄볕

차 안으로 스며드는

느낌이 좋다

창 밖에 펼쳐진 풍광이

내 손을 잡아당긴다

초승달

초저녁 하늘에
초승달 하나 걸렸네

너를 따다가
언니 눈썹을 그렸지

요리보고 저리보고
정성스레 그렸지

처녀라고 말했지

꽃샘추위

얄미워
어깨를 움츠린다

주머니 속 손을 빼고
심술이 난다

하늘은
구름위로 걷고
바람은 살 속에 눕는다

배려

지하철 출구를 나오면
가로수가 있다
말끔하게 이발을 했네

가로수 어깨 위에
까치집 하나 앉아있네

까치집에 비가 샐까
바람을 떠다밀며
구름을 따고 있네

고운 사이

아주 작은
풀이면 어떤가
그냥 그렇게 살아보자

편안한 마음으로
대할 수 있음에
속은 몰라도 좋다

이런 것이라면
그 누구라도 좋다

변하지 않는 것이 없다지만
작은 풀이라면 좋겠다

신림천의 봄

신림천에도
봄은 오고야 만다

그래 그래
봄 네 이년
어디 갔다 이제 왔느냐

봄은 이렇게도 오고
그렇게도 온다더냐

봄 마중 가는
길목에서
가슴골을 타고 와야만 하더냐

봄비

옳거니 옳구나
모든 것이 옳다구나
귀한 만남인 인연도
모두 다 옳다구나

의미는 관심 없고
인연인 것은
틀림이 없을게다
여기에 두고 간다

조금 전 지나친 그 곳이
그대가 둥지 튼 그 곳 이라니
소식 한 마디 내려놓고 간다

질문

바람이

마음을 비집고

텅 빈 내 주머니를 채운다

누구신가요?

울고 가는 기러기

대장을 앞세워
먼 길 떠나는 기러기 떼

지쳐서 힘들면
힘내라고
끼룩! 끼룩!

내 손 편지 물고 가서
먼저 가신님께 전해다오

내 님이
그 손 편지 읽거들랑 기다렸다가
답장마저 받아와 다오
신설동 산 12번지
알지이

세월

길을 걷다가
봄 향기 맡으며
미소를 한 움큼 주워 담는다

사랑은
늙어가는 것이 아니라
익어 가는 것이라고 했던가요

사랑을 만나며
다시 놓으며
시계는 돈다

낭만

햇볕에
이름을 맡기고

봄바람에게
꽃의 주소를 묻는다

청춘의 끓는 피
낭만은 어디에 있나요

노을로 군불을 지피다

동산은
바깥마당의 바람을 줍는데

겉모양이 구겨진들 어떤가
매듭을 풀어가며
텃밭에 돌멩이를 들어냈다

서산의 그림자를 지고
내일의 시간표가 저물어 갈 때

길이 길을 물어
구름을 가꾼다 하여

주름진 아궁이에
노을이 탄다

촌뜨기 50년에

중년의 몸뚱아리
볼품없고 남루하지만
살아온 열정은
열아홉 살 이란다

세월 속에 녹아내린
육체에 농익은
인생의 열매는 달단다

오십 여덟 해를 맞이한
이번 봄에는
새싹도 이렇게 푸르단다

하루

마음에 무게를 느끼며
집으로 갑니다

아침엔 생동감으로
즐건 마음이건만

이 시간엔 눈꺼풀이
내려갑니다

입가에는
희비가 엇갈린 하루입니다

예쁜 꽃들

정원은
꽃들로 시끌벅적 하다

이리저리 속삭이며
물을 먹고
춤을 춘다

어떤 꽃은
배가 부르다고 앙탈을 부린다

들여다보면
수줍어 고개를 숙인다

어떤 푸념

찰카닥
CD기에서 머니가
돌아가는 소리다

아들이
이쁜 미선이와
백년가약 맺던 날

이 통장 저 통장
몽땅 찾아
신혼집 사 주던 날에

통장은 배고파서
훌쩍훌쩍
손 벌리던 통장이었는데

지금은 배부르다
하품을 한다

봄나물

고향의 봄이면
들판에 나물이 지천으로
널려 있었다

학교 갔다
바구니 옆에 끼고
동무들과

노랠 부르며
나물 캐러 다녔다
쑥, 달래, 냉이, 씀바귀
거기다 소루쟁이, 돌미나리까지

바구니에 담으면
난리가 난다

엄마가 나물국을
끓이고
푸짐한 밥상에
가족들이 둘러앉아 말 꽃이 피었다

정각사 두 탑

삼선교 근방을 지나
한성대 오르는
옆길로
아담하고 정갈한
정각사 절이 있다

숨을 몰아쉬고
층층대 밟고 올라서면
관세음 보살님의 미소가 반긴다

대웅전 앞마당에는
천년이 넘은 석탑과
미래탑이 나란히 서있다

과거와 현재가 공존하기에
세월과는 관심이 없고
두 탑 동무는 함께 할 것이다

시골 장터

왁자지껄 시끌벅적
여기저기서 들려온다
어릴 적 오일 장날이
볼거리가 많았다

소전에 가면 소들과
염소와 개 오리들이
음매 메에 멍멍 꽥꽥
소리 높여 합창을 했다

해 지는 줄도 모르고
선화공주를 보다가
늦게 집에 돌아가서
엄마한테 종아리가 아팠다

노후에는 맘 맞는 친구랑
여성 극단을 찾아다니며
신명나게 놀고 살련다

예쁜 딸

내 나이 스물여덟에
세상에서 가장 귀한
보물을 선물 받았다

보면 볼수록 어여쁜
보물을 쳐다보면서
행복을 맘껏 누렸지

세월과 함께 무럭무럭
예쁘고 아주 튼실하게
너무나도 잘 자라줬다

참으로 듬직한 짝을 만나
다정스런 둥지를 튼 너는
하나뿐인 내 분신 이란다

그 먼 길

굵은 비가 주룩주룩
내리던 날

검은 원피스에
검은 모자를 눌러 쓴 여인이

창밖을 하염없이
바라보며 울고 있다

예감이나 한 듯이
마지막을 적어 놓고 떠났다

사 십 구제
영정사진에 불길이 오른다

향불을 밟고 먼저 가거라
그날에는 거기서 만나자

옥상 텃밭

하루 종일
햇볕이 잘 드는 옥상에
고추와 상추 방울토마토
그리고 들깨를 심었다

가족과 함께
옥상 텃밭을
가꾸다 보면
무럭무럭 자라 주었다

이웃집 부부 덕분에
경험을 전수받아
어려움 없이 가꾸어
소담스런 야채를 얻었다
푸짐하고 맛깔스럽게
고추와 상추 잎에
노릇노릇 잘 익은
삼겹살을 한 입에 넣었다

금년 봄날에도
길러서 가꾸어
맛깔스런 식탁에
가족들의 입맛과 둘러앉을 거다

동지

한 그릇
두 그릇
따뜻한 팥죽
그 깊은 맛

한 그릇 먹으면
한 살 더 먹는 거라고
엄마는 말했다

낮과 밤의
길이가 여기서부터
달라진다고

팥죽을 먹는 날
엄마의 붉은 마음이 그립다

십자수 잉어 가족

거실 벽 한쪽에 걸려있는
십자수 맑은 연못 속에는
잉어 가족이 유영을 한다

빠끔빠끔 호흡을 하고
살랑살랑 꼬리를 흔들며
온종일 헤엄치고 다닌다

엄마 아빠잉어 그리고
어린 잉어들이
연못 속 세상을 노닌다

연꽃 사이사이로
숨바꼭질을 한다

어느 여인

여인이 있었다
그 분을 처음 뵌 곳은
상견례 만남의 장소였다

그 분은 분홍빛
투피스를 입으시고
입가엔 미소로
우리 가족을 맞이해 주셨다

그 날 양 쪽 집은
훈훈함과 온화함 속에서
소중한 인연을 맺고 기뻐했다

그분이 얼마 후에
뜻밖에도
고생하시다 칠 십 사세에 가셨다

사위의 어머니
마지막 문병하러
갔던 날 그 분의 애절했던
눈빛을 잊을 수가 없다

가슴속 깊게
정을 남기시고
그 봄날에 홀연히 가셨다

구름들의 화해

구름들이
바람 사이로 시끄럽다

양털 구름과 뭉게구름이
어쩔 줄 몰라 하는 표정이다

저만치
팔짱을 끼고
미소를 짓고 있던
먹구름이 다가와 덮쳐 버렸다

갑자기
캄캄해진 하늘에
천둥과 번개가 나타나
호통을 치니 조용해진다

그 때
환한 웃음을 지으며
해가 비친다

봄의 왈츠1

얼었던 땅
풀리기 시작하면
엄마는
밭으로 나간다

호미질에
돌 주워내며
헌 옷을 벗긴다

하루 종일
등으로 해를 떠다밀어
마중 나온 달이
신발을 신긴다

그 먼 길

길은 이어져 있고
길가에 집들이
옹기종기 예쁘다

돌계단 밟고 오르니
빨간 우체통이
먼저 일어선다

등 굽은 소나무와
뛰놀던 봄볕이
맨발로 반기며

책들은
거실에 모여 앉아
저마다 입을 여는데

낮달도
활짝 마당에 서 있다

봄의 왈츠3

젖은 대지에
햇살이 움튼다

봄의 숨결이 흐를 때
나무와 그리고 풀들이
춤을 춘다

연분홍 진달래
삭풍에 시련 숨기며
향이 여물면

사랑을 녹이던
목련꽃 젖가슴이
봄바람에 익는다

2부

꽃들의 연주

항구의 밤

주말이면 손꼽던
가족 그리고
친구들 항구로 간다

등댓불 길을 열면
바다는 거품을 물고
밀려왔다 밀려가며
파도소리 놓고 간다

서있던 배들이
불을 켜고
만선을 꿈꾸며
출항 준비 서두른다

바닷가 횟집들도
흥에 겨워
시간 가는 줄 모른다

낯선 곳에서
하룻밤을
별들과 별꽃을 피운다

사랑

순간

눈에

들어와

마음을 타고

가슴으로

피어나는 꽃

밝은 세상

건강한 몸
소중한 몸
누구나 바람이다

나이가 들면
눈 그리고 이
손 봐야 될 때가 온다

구석구석
중요하지 않은 곳이
어디 있으랴만
세월에 녹이 슬어
고장 나기 마련이다

레이저 손으로
눈을 닦으니
세상이 반갑다

꽃들의 연주

봄이 왔네
바람과 손잡고
꽃시장에 간다

울긋불긋
피어난 웃음들
고개 들어 반긴다

영산홍, 랜디, 수선화
화분을 사들고
집으로 가는
발걸음이 가볍다

오이소박이

싱싱한 오이를 골라
물에 담근다

깔깔한 살갗을
세수를 시켜
소쿠리에 누인다

파란 부추에
고춧가루 버무리니
군침이 돈다

오늘은
일찍 들어오라
카톡을 해야겠다

장 담그는 날

큰 항아리
깨끗이 씻어
햇빛에 말려 놓는다

말날을 택해
소금물을
메주위에 쏟아 붓는다

나누어줄
가족 그리고 이웃들의
웃음꽃이 먼저 익는다

평사리 달빛낭송회

가신님을 그리며
제자들이 십 주년을 맞아
한 자리에 모였다

하얀 꽃잎이
바람에 날개를 달고
예쁘게 춤을 춘다

따뜻한 햇살이
파란 거리를 누빈다

님의 시를 낭송하는
제자들 목소리는
그리움으로 떨린다

깊어가는 밤 평사리

하얀 달도
젖어드는 시 속에 기웃거리다
슬며시 옆에 앉는다

매미

악기도 없이
몸을 비벼 연주를 한다

소리 높여
시원스레 노랠 부른다

어릴 적 고향 매미는
큰 나무 꼭대기에서
노래를 불렀다

누굴 기다리며
우는지
울었다

고추잠자리 곁에 와
타박하다가
날아가 버린다

그리운 사랑

구름들이
채워지며
그리움은 돋아나

허공 속에
사랑했던 그 사람을
그려 본다

보고픈
마음 한 켠
지울 수 없는
외로움이 밀려오네

어느새
사랑이 흔들거리며
멀어지고

지나던
바람이
볼을 만지며 토닥거린다

바람

바람은
참 착하다
젖은 빨래를 말려 준다

바람은
참 부드럽다
뺨을 스치는 실크다

바람은
참 시원하다
이마에 땀을 닦아 준다

바람은
참 무섭다
가로수도 뽑아 버린다

바람은
참 부끄럽다
여자의 치마 속을 훔쳐본다

등을 맞대고

저녁을 먹고
도란도란 정답다

각자
누가 먼저
이렇게 하자도 아닌데

부부는
등을 맞대고
자게 되었다

그러다

언제 부터
자연스럽게
각 방으로 향한다

멀게 자도
가깝게 느껴지며
같은 꿈을 꾸는 걸까

즐거운 동산

주말이면
이 산 저 산
찾아다니며 즐겼다

집에서
그리 멀지 않은
삼막사를 주로 산행을 했다

산꼭대기 삼막사
무릉도원이 따로 없었다

봄이면
진달래가 어우러져 피고

초록으로
나무들 사이로
꽃동산 그림이 펼쳐진다

나무 그늘에 배낭을 풀고
한 잔 하는 맛은 최고다

세상 근심과
식구들 얘기수다에 하산할 때가 온다

산을 오르지 않고는
산을 모른다

결혼기념일

식목일이 지나
봄바람이 살랑 거리며
두 볼에 기분 좋게 불어오던
한식날

이십 팔세의
동갑내기 두 사람은
서로 존경하며 사랑 할 것을
서약했다

시냇물 흐르듯
세월이 지나 삼십육 주년
이젠 제법 시간의 여유가
생겼다

꽃보다 예쁜
딸은
마음이 넓고 자상한 신랑을 배필로
맞아들이고

아들은
어여쁜 색시를 만나
작은 보금자리를 틀었다

이순의 나이가 되면
귀는 열고
입은 닫는 돌아보는 시기라 했던가

지나간 세월
그 동안 못해본 취미를 붙잡고
멋진 미래를 만들어 봐야겠다

꽃길1

활짝 핀
벚꽃을 보니
마음이 설렌다

화사한
벚꽃 길을 걸으니

벚꽃보다
꽃길이 먼저 일어나 반긴다

정다운 친구와
두 손을 잡고 봄 따러 간다

꽃길2

활짝 핀
벚꽃을 바라보니
탄성이 절로 나온다

벚꽃을 구경하느라
아장아장 아기도 예쁘다

꽃을 사진에 담느라
여기 저기 포즈를 잡기에 한창이다

하늘을 날며
종달새는
지리지리 노랠 부른다

친구들과
추억 만들기 좋다

사랑의 모습1

비 내리는 거리를
어깨에 손을 얹고
우산을 받고 가는 여인들이 멋지다

아름다운 것은
사랑이 깊어 가는 것이라 했다
깊어가는 사랑은 외롭다 했다

사랑한 것이
사랑한 것이기 때문이다

사랑하고 헤어지는 것
시작도 끝도 아니다

이별이다 멀어지면
멀어지기 때문이다

만날 때
이별은 아득히
모르기 때문이다

사랑도
세월이 가면
잊혀져 가는 걸까

사랑의 모습2

사랑은
소리 없이 흐르는
마음속의 눈물이로구나

사랑은
누워서 보는
푸른 하늘이로구나

사랑은
빛나는
밤하늘의 별이로구나

사랑은
들판에 피어난 꽃이로구나

감추어진 그 무엇

물안개 피어나는 강가에
버들강아지 짖어댈 때
물결은 마음을 설레게 하네

일렁이는 마음을
들여다보면
공연히 알 수 없는 바람이 부네

감추지 않아도
그리움이 보이네

삶의 플랫폼

사람들 틈을
헤집고 들어가
타고 내리는
그들 틈 속에 합류한다

언제부턴가 노약자 석에
빈자리를 찾아
당당하게 폰을 꺼낸다

지인들과 문안인사
주고받다 보니
사람들이 내리고
다른 사람들로 바뀌었다

고단한 사람들
바빠서 다 못한
화장도 예쁘게 고친다

삶은 시간을 안고 가고
긴 세월도 함께 안고 간다

가을아 가을아

눈이 빠지게
널 불러야 겠다

그땐 그랬어
신랑은 말을 타고
신부는 가마를 타고 왔지

이제
너는 바람을 타고
내게로 안길거지

어서와
어서와
울긋불긋 그냥 와

고추잠자리
신발을 벗고 먼저 나왔네

느긋한 오후

한가한 오후
라디오에서 들려오는
노래를 들으며
오랜만에 생각에 젖어 본다

흐르는 것 세월이니
가끔은 누리고 싶다

창문으로 불어오는
바람 속에
시간의 바퀴는 굴러간다

네일

시원한 색이 좋겠지
파란색 손톱에서
발톱까지 물들어 간다
마음에 무지개가 피어난다

예쁘게 손질 해주는
네일아트 사장님 타고난 솜씨다

발걸음도 가볍게
하루를 마무리 하며
손가락 발가락이 앞서 걷는다

빨랫줄

줄 하나
길게 누워 있다

젖은 옷
바람이 혀를 대니
햇볕이 따라 웃는다

흔들흔들
바람이 신이 났다

낮달이
기웃거리다
해를 붙잡고 숨어 버린다

엄마1

엄마, 엄마 괜찮아요
하얀 머리
얼굴을 보노라니 억장이 무너진다

괴로워하는 모습을 보는 게
이렇게 힘들 줄이야

삼십 오세에 홀로 되시어
육남매를 키워 내신
보기도 아까운 엄마

엄마, 엄마 가실 거라면
고생 하시지 말고
꽃가마 타시고 가시옵소서

엄마2

나의 어머니 엄경화님
한 많고 힘들었던 세상
붙잡고 매달렸던 세상
이제 다 놓으시고
깊고 깊은 잠의 세계로
고요히 떠나신 나의 어머니

빈손으로 가시는 먼 길
뜨거운 눈물 꽃이 떨어진다
"애들아 의좋게 건강하게 살거라"
고운 옷 갈아입고
남기신 그 말씀이 가슴 깊이 젖는다

오셨던 길 되돌아가신다던
남겨진 자식들 걱정은 다 내려놓으시고
편히 가세요, 어머니!
한 줌 꽃잎을 눈물로 뿌린다
이 세상의 어머니
우리 어머니

3부

도로 위에 밤이 눕는다

추억여행

선율이 흐르는 음악을
들으면 안정이 된다
추억의 멜로디가 좋다

세월의 향기를 찾아
그 시절로
아름다운 멜로디 따라서 나선다

피어나는 봄
바닷가 여름
울긋불긋 단풍
새 하얀 겨울

친구들과
통기타를 뜯던
추억여행이 되살아난다

나의 며느리

때 묻지 않은 선한 눈
상대방을 편안하게
대하는 미소가 매력인
나의 며느리

너와 난
아주 귀한 인연 줄 이었나보다
내 삶의 보배 되어
가족이 되었구나

너는 우리 집의 복 단지
태중의 심장소리 들으며
입덧을 견디는
네가 정말 고맙다

새해가 되면
손꼽아 기다리던
최고의 선물을 안겨 주겠지
선물아
선물아

칠석

두 눈이 마주치는 그 순간
운우의 정이 듬뿍 흐르고
견우직녀 손꼽아 기다려
만나는 날이 칠석 이런가

몇 생 몇 겹을 건너서
천생의 인연으로 만났다네
달이 볼까 별이 볼까
혹여 누가 살짝 훔쳐볼까

옥황상제의 노여움으로
삼백육십 오일 단 하루만
만날 길이 없어서 만나는
기쁜 눈물이어라

까치가 놓은 오작교에는
이별의 비가 내린다

가을밤의 노래

별들이
쏟아지는 밤에
귀뚜라미 노랫말이 깊어만 가네

작별을 고하며
떠나려하네 별들은

세월은 가고
여름을 밀어내고 가을은 오는구나

구름에 시를 싣고

시는 읽어서
마음에 길을 낸다

지난날들이
그냥저냥 흘러가듯 살았다
시를 알기 전에는
듣도 보지도 못한 그야말로 귀가 멀었다

이런 세상이 있다는 것을
모르고 지나갔다면
얼마나 억울했을까
언어의 세계로 이제 떠나보자
맘껏 가보자 가다가
자빠져도 한 번 신명나게 놀아보자

그리움

바람이 살갗을 만지며
가로등 불빛에
나무들이 춤을 춘다

풀벌레 노래 소리가
꿈속에 그리던
가슴을 울린다

눈물 꽃이
맺힐 때
아침도 피어난다

눈을 뜨면

눈을 뜨면
달려오는
쪼낭이와
행운목에게 인사를 한다

조그만 걸 사다가
정성을 먹고 자란
행운목이 기쁨을 준다

짙푸른 색깔로
치마처럼 늘어뜨린
잎사귀는 고귀한 옷이다

나무도 관심을 갖고
사랑을 주었더니
행운의 아침을 선물한다

등잔불 아래

강물이 얼음장 밑으로
개 짖는 소리
문틈 사이로
입술을 떨며 밀고 들어온다

이불을 끌어 올리고
무릎을 양팔로 싸안으며
전설의 고향 소리가 유난히 싫어서
귀를 막고 잠을 청하던 시절이다

새벽에 일어나
하얀 입김이 필 때
등잔불 아래 앉아
바느질 하셨던 울 엄마

이젠 꿈속에 그리며
추억에 젖어
세월을 보내고
머리위로 하얀 서리가
불빛에 녹는다

고추잠자리

가을 하늘이
뭉게구름 위에 눕는다

햇빛이 환하게 피면
코스모스 춤추며 노래를 한다

벼 이삭들이 고개를 숙일 때
농부들은 아픈 허리를 편다

빨간 고추잠자리
하늘 길 따라 소풍을 간다

가을 여행1

깊어가는 가을 찻잔을
두 손으로 받쳐 들고
외로운 구름을 받는다

고독한 남자의 계절이라
누가 말했나
낙엽은 남자에게서
여자로 떨어지는 바람소리다

이 가을에
그 남자와
여자가 여행을 떠난다

가을 여행2

가을이 익어간다
저 멀리 허공을 바라본다
고독은 눈에 구름이 진다

누구라도 가을이 오면
정이 아프리라

창 밖에서
물들어지는
온 몸으로 강물이 되리라

한가위에는

추석이 오면
객지에 자식들은
선물 보따리 들고
부모님과 가족들이
반가운 상봉이 이루어진다

웃음소리 송편을 빚어
차례를 준비 하느라
밤이 오고
뒷동산에 둥근 달이 떠오른다

별들도 다가와
반짝 거리며 반갑게 눈을 뜬다

자식들 얘기소리 들으며
주름진 얼굴에
환한 미소가 달보다 밝다

깊은 가을로

떨어지는 가을을
넓게 펼친 치마로 받는다

기러기 울며
하늘 어귀에 구름을 물고 가면

옷 속으로
가을은 스며들어
마음이 붉는다

작별

하늘은 높다

우수수

노을이 떨어지면

해가 진다

가을 잔치

숲속 나무들이
잔치를 성대하게 열었다

빨강 노랑 파랑색들이
서로 서로 옷을 입고
춤사위로 산길을 간다

울긋불긋 차려 놓은
낙엽들의 밥상이다

바람도 모여들어 춤을 춘다

다툼

먹구름이 마당에
옷을 내린다

말과 언성이 커지며
모습들이 왈가왈부다

꽃밭이 숨을 내쉬면
이미 때늦은 후회가 든다
뒤돌아 봐도 어지러운 구석이다

가까웠던 사이가
떨어져 있고

구름이 쓸고 간
울안이 고요하다
밖에서 햇볕이 부른다

하늘을 본다

문득 하늘을 본다
하늘이 보고파서 아니라
그리운 그 사람을 손짓으로
잘 있느냐고 묻는다

걱정마세요 잘하고 있다고
그대나 잘 있으라며 눈을 감는다
그리운 마음이 다가온다

내 마음속에 하나 된 그대
언제나 눈 감으면
미소로 번지는
그 모습이 아리다

가을아 안녕

가을은 오고 시월이
가면
멋진 여인의 생각난다
마음을 가라앉히고
떠나는 너를 보내야 한다
인사도 없이 떠나는
낙엽을 보내놓고
나무는 서있다

나무 밑에
차곡차곡 봄을 꿈꾸며
문을 닫는다

왔다가는 가을아
안녕이다

닮은 꼴

땡감이 노을로 익어가서
홍시가 되었네
누굴 위해 익어가나
누굴 위해 익었나

구만리 날아가는 기러기도
미루나무 꼭대기 까치도
하늘을 차고 오르는데

푸짐한 밥상에 웃음이 가득하면
닮아가며 살아가는
노을과
기러기
그리고 까치야

벼이삭

허수아비 팔 벌려 한들한들 춤추고
참새들 떼 지어 날아와
바람도 함께 어울린다

겨울의 문턱 밭이랑에
해 그림자 길게 누우며
옷 속으로 숨어드는
도랑물 소리가 차갑다

비운 만큼 채워지는
노란 들국화 한숨소리에
고추잠자리 하늘가에 앉는다

나만의 여유

솔향기 묻어나는
푸른 잎사귀 여린데
바쁜 세월 여유를 만끽하고
바람과 정답게 조잘 거릴 때
구름은 웃음으로 대답하고
가슴으로 받아들인다

신선이 놀던 자리 여기인가
한 마리 새가 되어 날고
세월을 낚은 바람을 머물게 하면
햇살도 구름 속으로 들어간다

지는 해
서산에 넘어 질 때
달은 숨바꼭질 하자는데
밤하늘에 유성이 하나 둘 떨어진다

배추 속을 바라본다

왁자지껄 하다
김장하러 모인 식구들 입가에
밀린 사연들이 만발한다

쪼개진 배추는
속살을 들어내어 환하게 웃는다
이제 저 웃음도 양념을 만나
화려하게 변신할 것이다
식탁에 둘러앉은 가족들에게
매콤한 맛으로 다가서리라

노을빛에
배추의 웃음이 물든다

인연

여기까지
함께 해 온 인연을
편안한 느낌으로 받았다
가슴이 설렌다

덜컥 겁이 나기도 했다
벅찬 끈이 끊어질까

세월 따라
이제 너는 내 것이다
즐기며 같이 가자
영원한 동반자여
내 품의 시여!

찾아 왔네

아침에
창문을 여니
동네를 하얗게
만들어 놨다

커피 한 잔을 드니
애교쟁이 냥이도
옆에 와서 비빈다

어릴 적 눈 오는 날
마을길은
우리들 세상이었다

하얀 눈을
바라보면 고향길이
품에 녹는다

눈이 내린다

산이 하얗게 덮였다
나무와 지붕 그리고
예쁜 등 위에도
온통 눈꽃 세상이 되었다

보광사의
풍경소리 마저 신비롭고
바람 속에 고요하다

타는 목마름을
풀어 주고
마음속까지 눈이 녹는다

산사에서

산길에도
나무 위에도 눈이 내렸다

천년 고찰 뜨락에는
풍경소리 홀로 서성인다
청정수 한 모금에 마음이
씻어 지려나

속세의 근심일랑
여기 모두 내려놓으시라
부처의 미소가
발걸음을 붙잡는다

마음속에
한 줄기 목탁소리 불어온다

가는 해 오는 해

어느새 오는가
싶더니 이별이 다가왔네

붙잡아도 가야하는
정유년을 보내준다

웃으면서
살며시 다가온 무술년

이젠 너를 반겨
새날을 지내보자
반갑다

사계의 풍경

봄이면
미소로
피어오르는 아지랑이
살가운 숨결로 다가왔지

여름이면
고통으로부터
시원함으로
뜨겁게 봄을 키웠지

가을이면
그리운 낭만으로
정감을 주었지

겨울이면
달려온 들짐승처럼
들판의 찬바람을 뜰었지

너는

봄은 순수하다
수줍어 숨어 버리는
새 색시
봄바람이다

여름은 끈적거린다
목이 탈 때
달콤한 사탕
얼음물이다

가을은 수를 놓는다
추억 하나 물들이고
가는 뜬구름이다

겨울은 사납다
온 몸으로 파고드는
얄미운 가시다

바람의 표정

바람은 얼굴을 바꾼다

봄에는 처녀의 얼굴이었다가

여름에는 더운 겨드랑이에

무시로 덤벼든다

마음에서 꺼낸 색으로

가을엔 산비탈 오르내리다

정녕 바람은

화장을 잘한다

나의 기쁨 조림*이

얼굴을 그려본다
손가락 발가락 얼마나
귀여울까 궁금하다
기다려 그려본다

지금도 조림이가
우리들의 집으로 오고 있다
몇 날이 있어야 한다
그래서 벅차고 기쁘다

목청을 힘차게
터뜨리면
이 세상의 품으로 반겨 줄거다

소중한 생명이
세상 밖으로 나올 때까지
엄마의 수고는
기쁨과 희망이란다

보물단지야
손꼽아 널 기다린단다
어서 보고 싶다
그날에 우리 만나자

*조림이–태중에 있는 손녀란다.

도로 위에 밤이 눕는다

빨간불에
사람들이
이리 저리 서기를 한다

도로를 질주하는
차들의 움직임이
환하게 옷을 입는다

누가
노란불로
신호를 보내는지도
감으로 안다

깜빡이를 보내며
얼른 끼어들면
그냥 내버려 둔다

파란불이 나오면
길은 풀리고
엉켰던 거리가
분주히 앞서 간다

별들도 눈을 깜빡이며

길을 내고
가로등이 옷을 벗으면
밤은 물들어 길에 눕는다

우리 은율*이는

젖꼭지를 문 입술이
오물오물
눈도 열지 않은 채
꼬물꼬물 움직이는 게
어찌나 신기 하구나

엄마 뱃속에 있을 때
모양을 요리조리 바꾸며
요술쟁이 경이로운 꿈나라였을까
방귀도 뽕~~~
무슨 심술인가

토닥토닥
트림을 시키고 누이면
눈이 부신가
입모양 실룩샐룩
아기천사
우리의 선물 은율아!
잠든 네 모습
바라보고 있노라면
시간은 저만치 가는데
한없는 이 기쁨
아가야, 아가야
우리 집에 은율아!

*은율 – 손녀 이름.

그리움 하나가

하얀 눈이
가로등 불빛과
나무 위에 앉는다

흰 꽃송이
내려와
세상에 수를 놓으면
소리 없는 물방울 되어
살결에 녹는다

온 들판에 이불이 되던
너를 바라보면
그리움 하나가
가슴에 숨는다

입춘

봄아!
문 앞에 다가와
있었네

활짝 문을 열며
우리 집 은율*이
이름도 불러 보자

움츠렸던
신발을 신으니
봄결이 환하다

홈쇼핑

광고를 보면
다 멋있고 예뻐서
마음을 뺏겨 버린다

거울 앞에서
요리조리 돌아보니
아무래도 안 어울린다

마음은
열두 번 바뀌고
결국은 다시 반품한다

오! 저건 어떨까?
봄 마중을 부추긴다

어느 날 밤 나들이

간만에 뚝섬
유원지에 가보았다

콧등에
닿는 향기로
여인들 여기저기 다정하다

축하 파티
친구에게 고깔모자 씌우고
어깨동무 흥겹다

청담대교 위를 전철이
빠르게 지나간다

멀리 불빛이
강물에 부서지면

그림자 속으로
별 하나가 숨는다

바람개비

바람이
흔들어 댄다

마음대로
자빠지며 자나간다

바람이 돈다
세상이 돈다

구름이
비틀거리며 숨는다

바람개비 하나가
바람을 접는다

두 손 모아

3월은
바라는 것들이
이루어지기를
두 손 모아 기도합니다

3월은
따뜻함으로
창문이 물들게
두 손 모아 기도합니다

3월은
소녀같이
두근두근 가슴 뛰게
두 손 모아 기도합니다

3월은
바람이
활짝 피어나기를
두 손 모아 기도합니다

| 跋文 |

시간의 꽃을 피우는 미적 아이러니

안 익 수 (시인, 한국문인협회 편집위원)

도시의 골목을 쓸며 사람들이 산다. 문을 열고 담장을 끼고 돌면 발자국소리가 분주하다. 모여들며 흩어지는 시간의 리듬이 거리에 자욱하다.

그 삶의 앞전에서 세월의 박자를 맞추며 시를 짓는 시인이 있다. 그는 치열하게 목청을 돋우며 햇살을 뜯는다. 피곤한 삶에 앙살을 부리지 않는 땡볕의 거리에 소낙비 시인이다. 금이 간 길바닥에 발이 접질려도 그저 찬물에 아픔을 적신다.

그는 삶의 미완성에 대하여 자기 자신에게 착한 앙갚음으로 추억의 편지를 쓴다. 그러기에 부러진 시간의 그림자를 부축하며 노래를 물들이는 꽃그림 시인이다.

더러는 마음의 해가 저물어도 시심의 언어로 구름을 물들이는 노을의 시인이다.

아래의 시에서 그의 시상을 한 번 열어 보자.

정원은
꽃들로 시끌벅적 하다

이리저리 속삭이며
물을 먹고
춤을 춘다

어떤 꽃은
배가 부르다고 앙탈을 부린다

들여다보면
수줍어 고개를 숙인다

〈예쁜 꽃들〉전문

꽃은 숨 쉬는 물이며 물은 생명의 근원이라 일컬어진다.

성은주 시인은 꽃들과 어우러진 물의 향기를 언어로 떠내어 마음에 담는다. 이내 그 마음은 꽃병이 되어 모성으로 품는다.

'배가 부르다고 앙탈을 부린다' 라는 구절에서 시는 여성의 근원적 순리에 접근하여 생명의 잉태를 연상시키며 삶의 밥상머리에 꽃말을 차린다. 꽃의 공간을 사람의 일과와 견주어 풀어낸 꽃 결에서 사람의 살림살이를 보는 듯하다. 아마도 모든 생명의 몸짓은 닮아 있다는 시인의 품안일 것이다. 그 꽃의 둥지에는 꿈의 향기가 가득하다. 그 꿈은 구름의 신발을 신고 바람의 옷을 입는 시인의 두레박이다.

다음 시에게 말을 걸어보자.

구름들이
바람 사이로 시끄럽다

양털 구름과 뭉게구름이

어쩔 줄 몰라 하는 표정이다

저만치
팔짱을 끼고
미소를 짓고 있던
먹구름이 다가와 덮쳐 버렸다

갑자기
캄캄해진 하늘에
천둥과 번개가 나타나
호통을 치니 조용해진다

그 때
환한 웃음을 지으며
해가 비친다

〈구름들의 화해〉

시인의 구름은 하늘에 있지 않고 거리에 있다. 아니 신발을 바꿔 신고 세상 집 대문 밖에 있을지도 모른다.

시에서의 '구름'은 바람의 고삐를 풀고 하늘의 주소를 찾는다. 가끔은 잘 익은 달을 따다가 땅에 심는다. 밝은 거리의 빗물이 되기도 하며 낡은 신발을 적신다. 가끔은 해를 가리며 타두다가 달구어진 들녘에 그늘이 되기도 한다. 그러기에 구름은 생명의 시간에 일기를 쓰며 삶의 악보가 된다. 이때 하늘의 구름은 땅의 노래가 된다. 비로소 하늘과 땅의 징검다리가 되는 것이다.

그렇다. '구름들의 화해'는 자연과 인간의 억한 감정의 화해인 것이다.

그 화해의 풍경은 아래의 시에서 다시 마음을 적시고 있다.

얼었던 땅
풀리기 시작하면
엄마는
밭으로 나간다

호미질에
돌 주워내며
헌 옷을 벗긴다

하루 종일
등으로 해를 떠다밀어
마중 나온 달이
신발을 신긴다

〈봄의 왈츠1〉 전문

봄은 소리 없는 찬란한 아픔이다. 태아가 살을 열고 나오듯이 봄은 흙을 열며 하늘을 밀고 눈을 뜬다. 간지럽던 몸을 봄볕이 긁어주면 봄바람도 살을 열고 품에 안긴다.

이것이 성은주 시인의 봄의 '왈츠'가 아닐까. 그의 봄은 이미 봄이 아니다. 언어가 되고 가락이 되어 삶의 찬가로 춤이 된 것이다. 춤은 가장 솔직한 인간의 몸짓이며 고백이다. 그는 봄을 통하여 삶의 여정에 '마중 나온 달이 신발을 신긴다'며 노곤한 일상을 달빛으로 다독

거린다. 다시 그의 왈츠는 꿈의 노래가 되는 것이다.

그 꿈의 노래는 다음의 시에서 절창에 이른다.

바람이 살갗을 만지며
가로등 불빛에
나무들이 춤을 춘다

풀벌레 노래 소리가
꿈속에 그리던
가슴을 울린다

눈물 꽃이
맺힐 때
아침도 피어난다

〈그리움〉 전문

기쁠 때 손뼉을 치면 가슴이 활짝 피며 슬플 때 장단을 맞추면 마음도 애처로워지는 것이다. '가로등 불빛에 나무들이 춤을 춘다' 가 살아있는 밤의 무도회라면 '풀벌레 노래 소리가 /꿈속에 그리던/가슴을 울린다' 는 살아가는 기억의 회상일 것이다. 이때 '나무들의 춤' 과 '풀벌레 노래 소리' 는 시각과 청각이 하모니를 이루며 삶의 길에 세워야 할 꿈의 푯말이자 아픈 현실의 지우개로 동화되는 간구일 것이다. 때때로 보이는 것과 들리는 것은 시간의 틈으로 그리운 보따리를 배달한다. 그는 자연의 현상과 질서를 통하여 삶을 풀어내고 있다.

아래의 시를 열어보면 확연한 그 시적 문답이 더욱 명

료함을 알게 된다.

가을 하늘이
뭉게구름 위에 눕는다

햇빛이 환하게 피면
코스모스 춤추며 노래를 한다

벼 이삭들이 고개를 숙일 때
농부들은 아픈 허리를 편다

빨간 고추잠자리
하늘 길 따라 소풍을 간다

〈고추잠자리〉 전문

어느 시인이 인생은 '소풍'이다. 라고 절규한 시가 있다. '빨간 고추잠자리/하늘 길 따라 소풍을 간다' 여기서의 '소풍'은 춤과 시간의 행진일 것이다.

시에서의 언어의 색조와 양감은 시적 유희에 이른다. 평온한 휴일의 오후 같은 풍광이 젖어 온다. 성은주 시인의 시적 감성은 화려한 언어의 장신구가 아니라 생각의 기념품으로 품속에 고이 접는다. 그가 바라보는 풍경은 모가 나지 않고 살갑다. 허영과 가식으로 표현을 분장시키지 않는다.

다음의 시는 풍경에서 정경으로 들어서는 길목이 아닐까.

활짝 핀
벚꽃을 보니
마음이 설렌다

화사한
벚꽃 길을 걸으니

벚꽃보다
꽃길이 먼저 일어나 반긴다

정다운 친구와
두 손을 잡고 봄 따러 간다

〈꽃길1〉 전문

길은 길로 이어지며 다시 길이 된다.

그래서 사람은 길을 열고 길을 따라 살아가기 마련이다. 먹거리를 찾아 가는 길이 있는가하면 정감을 나누는 꽃길도 있다.

새 길은 낯설고 호기심이 앞서가지마는 향기를 나누는 길에는 반드시 씨알이 떨어진다.

태양은 길을 열고 낮달은 발걸음을 부추긴다. 삶을 한마디로 압축하면 아마도 길이라 할 것이다.

길은 삶을 편들지 않는다. 누구나 조건 없이 기꺼이 내준다.

다만 인간들이 길을 놓고 다투며 투쟁하는 것이 버거운 것이다.

그렇다. 인간은 끝내 세상길을 고스란히 이정표에 부어놓고 꽃상여 길로 접어드는 것을 망각하며 살아간다.

성은주 시인이 걷는 '꽃길'이야말로 희망과 기도의 간구일 것이다.

지금 시인은 어디쯤 가고 있는지 다음의 시를 손짓해 보자.

왁자지껄 하다
김장하러 모인 식구들 입가에
밀린 사연들이 만발한다

쪼개진 배추는
속살을 들어내어 환하게 웃는다
이제 저 웃음도 양념을 만나
화려하게 변신할 것이다
식탁에 둘러앉은 가족들에게
매콤한 맛으로 다가서리라

노을빛에
배추의 웃음이 물든다

〈배추 속을 바라본다〉 전문

삶은 시간의 굴렁쇠다.

배추의 살 속에 갖은 양념을 버무려 맛을 물들인다. 배추살 한 겹 두 겹 떠들어가며 시간의 이야기가 물든다. 배추는 울지 않는다. 매운 가시에 찔릴 때 더 큰 향기로 손목을 잡아끈다.

아무리 사람의 인생살이가 고달프고 힘해도 침을 삼키며 엄연한 식구의 입맛에 곡조를 붙여야 할 일이다.

얼마나 경이롭고 아름다운 찬가를 불러야 밥상이 따뜻할까. 배추의 시간표는 알 것이다.

구름도 들판을 지나갈 때 그냥 지나가지 않는다. 시원한 그늘을 깔아주고 지나간다. 구름이 해를 가려 탓하기보다는 자연의 굴레에 순응해야 함이다.

분주한 일상으로 세상의 입맛대로 살기가 어디 그리 쉬운 일인가.

맛있다는 말이 때로는 사탕보다 달콤할 때가 있다.

김장하는 날에 사람살이 수다로 '매콤한' 군침이 도는 시다.

그의 시는 다시 내일로 발걸음을 재촉한다.

하얀 눈이
가로등 불빛과
나무 위에 앉는다

흰 꽃송이
내려와
세상에 수를 놓으면
소리 없는 물방울 되어
살결에 녹는다

온 들판에 이불이 되던
너를 바라보면
그리움 하나가
가슴에 숨는다

〈그리움 하나가〉 전문

삶은 시간의 굴렁쇠다.

사람이 자연과 화친하며 살아야 한다는 것은 엄연한 사실이다.

인간의 초상이란 자연의 현상에서 터득하여 그 모양새를 닮고 싶은 것이다. 그것이 시적 미를 찾는 자연과의 대화 내지는 반사적 율동을 통하여 자아를 인식하게 된다. 그러면서 반복된 학습의 변명을 통하여 언어를 키울 줄 알면 하늘에게 고개를 숙인다. 그래야 자신의 발등을 보게 된다. 발등에 떨어지는 '소리 없는 물방울'은 '살결'에 녹아 갈증을 해소시킨다. 때로는 그것이 불덩이가 되어 아픈 화인(火印)이 되기도 한다.

사람은 결코 자연보다 앞서가지 않으며 반드시 함께 살아가야 할 동반자가 아닌가.

자연과의 화목한 통로를 내야만이 아름다운 '그리움 하나가' 삶의 신발을 감추지 않을 것이다.

성은주 시인은 삶의 숙제를 풀며 뒷동산 햇볕의 훈수를 받아 적고 있다.

그 삶의 목마른 해답은 과연 어디에서 만날까 그의 시에게 해답을 열어보자.

빨간불에
사람들이
이리 저리 서기를 한다

도로를 질주하는
차들의 움직임이
환하게 옷을 입는다

누가
노란불로
신호를 보내는지도
감으로 안다

깜빡이를 보내며
얼른 끼어들면
그냥 내버려 둔다

파란불이 나오면
길은 풀리고
엉켰던 거리가
분주히 앞서 간다

별들도 눈을 깜빡이며
길을 내고
가로등이 옷을 벗으면
밤은 물들어 길에 눕는다

〈도로 위에 밤이 눕는다〉 전문

도시는 점과 점을 잇는 연속선이다. 선과 선이 엉키고 풀리며 때로는 옹 매듭이 된다. 점은 모서리가 되기도 하며 원을 그리기도 한다.

불빛은 선을 따라 긴장과 탄력으로 꿈틀대며 거리의 바람과 한 통속이 된다.

선은 자유를 구속하려 들며 불빛은 욕망을 채우려 든다. 길은 선을 지우며 다시 선을 긋는다.

자동차 바퀴는 몸을 가누며 선을 밟지 않으려 소리를 지른다. 그러므로 삶은 선과의 싸움이자 경쟁 놀이가 아닌가. 선으로 사람의 길을 찾고 선으로 불빛을 동인다. 모든 사회적 변화와 문화의 포장은 선의 배설물이다.

또한 사람과 사람의 관계도 선이 연결된 구름다리다. 그래서 인간의 삶의 의미는 선(길)과 도형(그릇)을 결합시키는 삶의 볼트(bolt)와 너트(nut)가 된다. 사람의 원초적 궁합은 빛으로 조이고 물로 푸는 것이 아닌가.

그것이 삐걱거리면 인연의 엇박자가 빛과 물의 시간에 발을 거는 것이다.

여기서 성은주 시인이 말하는 '밤은 물들어 길에 눕는다' 는 각박한 세상의 모든 것을 불빛으로 끌어안고 품으려하는 간절한 보금자리가 아닌가 싶다. 그러기에 시에서의 불빛과 신호는 삶의 수레와 멍에의 표상일 것이다.

그 의미의 목적지를 다음의 시에서 귀띔하고 있다.

땡감이 노을로 익어가서
홍시가 되었네
누굴 위해 익어가나
누굴 위해 익었나

구만리 날아가는 기러기도
미루나무 꼭대기 까치도
하늘을 차고 오르는데

푸짐한 밥상에 웃음이 가득하면
닮아가며 살아가는
노을과
기러기
그리고 까치야

〈닮은 꼴〉 전문

세상은 욕망의 화답을 위해 땀을 흘린다. 대지는 온 생명의 보금자리이자 삶의 일터다. 씨앗을 심고 거두는 숨결의 오케스트라다.

땅에는 동물들이 풀을 뜯고 개천에는 고기가 떼 지어 파도를 넘는다. 숲에는 바람이 모여 앉아 구름길을 성토 한다.

낮과 밤은 닮지 않아서 닮아가는 시간의 연속이다. 인간은 낮과 밤의 경계에서 '밥상에 웃음이 가득하면/닮아가며 살아가는' 목마른 품바가 아닐까.

시에서 '땅에는 땡감이 노을로 익어가서/홍시가 되었네' 라고 언질 한다면 '기러기와 까치는 하늘을 차고 오르는데' 어쩌란 말인가.

섭리에 대한 거역의 탄원이 아니라 서로 밀며 당기며 살아가려는 의지의 발 돋음으로 유추된다.

이러한 자연의 현상들이 생명의 심오한 가락이자 떳떳한 몸짓으로 산화될 때 인간은

오묘한 생성과 소멸의 궤도에 동승하는 정류장의 풍경이 될 것이다.

그래야 '까치' 와 '기러기' 가 함께 살며 동행의 편지를 받아 볼 것이다.

비로소 삶의 여정에 잘 익은 언어가 시심의 곳간에 쌓일 것이다.

다음의 시는 그 분명한 사실을 예감케 한다.

3월은
바라는 것들이
이루어지기를

두 손 모아 기도합니다
3월은
따뜻함으로
창문이 물들게
두 손 모아 기도합니다

3월은
소녀같이
두근두근 가슴 뛰게
두 손 모아 기도합니다

3월은
바람이
활짝 피어나기를
두 손 모아 기도합니다

〈두 손 모아〉 전문

봄은 찬란한 종소리다.

흙은 풀과 숲을 키워 동물과 벌레와 뱀도 살아가게 살을 아끼지 않는다. 인간도 흙을 딛고 하늘에 안기며 살아간다.

성은주 시인의 봄은 어떤가. 삶의 궁극적 이상을 흙과 인간의 신앙에 손을 얹고 문명의 이기를 몸으로 떠다밀며 봄의 씨앗을 뿌리고 있다. 세상사 다투기에는 별 관심이 없다. 자연의 섭리로 그릇을 빚고 하늘의 빗물을 받는다.

잔꾀로 물질을 탐하거나 바람에 투정부리지 않으며 오로지 손과 발로 햇볕과 달빛을 가꾼다.

입으로 탑을 쌓지도 않으며 귀를 떠난 소문에 손가락질 하지도 않는다. 그가 간파하는 봄은 생명의 탄생이자 꽃의 씨앗에 있다. 그의 봄은 가슴에 먼저 와 꽃이 핀다. 꽃은 시가 되고 삶의 향기로 여물어 미학의 양분이 된다.

성은주 시인이 발산하는 미적 욕망은 인간의 살결이요 마음결에 있다.

그는 시심의 목청으로 상처를 어루만지며 새살이 돋게 한다. 사유하는 시적 품속은 변용을 비껴나 내면의 중심에서 울리는 봄의 종소리다.

성은주 시인의 시세계는 감성을 풀어놓는 언어의 힘줄이 유연하여 내면에서 솟는 시적 물감은 고요한 꽃물이다. 그의 사상은 시간의 나이테로 물들인 꽃무리가 된다.

또한 시를 세상에 보내놓고 대중이 얼마나 입질을 하는가에 별 관심이 없다. 언어의 미끼를 가공하지도 않는다. 시가 마음 밭에 피는 서정의 등불이 되고 삶의 꿈으로 가는 꽃 계단을 놓고 싶을 따름이다.

그는 날마다 노을로 군불을 지펴 사람의 마음결을 길어 올리는 두레박 시인이다.

초판인쇄 | 2018년 10월 30일
초판발행 | 2018년 10월 31일

저　　자 | 성은주
펴 낸 곳 | 제3의 문학

주　　소 | 경기도 여주시 명성로 84-20
전　　화 | Seoul Office / (02)2279-3357~8
E-mail | 3munhak@hanmail.net

출판등록 | 2008. 8. 21 제1-2727호

가　　격 | 9,000원

ISBN 978-89-89629-51-1